Nata

Euro Impala

cocinar con

Nata

Edificio Iberia Mart 11, Módulo 5

Calle Orense, 34 – 28020 Madrid

Producción editorial y gráfica:
Departamento de Desarrollo y Creatividad

Traducción: Traduktalia

Acabados: Printer Portugal

Dep. Legal nº 295044/09

Sabores divinos

Nata para batir, especiales para uso en la cocina, para el café, *light*, de soja o vegetales… En todas sus variedades, éste es un ingrediente que dará a sus recetas una deliciosa textura cremosa. Actualmente, puede encontrar una gama aún más amplia de este producto tan tradicional, de consumo universal, y que se adapta al gusto particular de cada uno. Ya sea en postres o en pequeños manjares salados, la nata le confieren a cualquier comida un toque refinado, enriqueciéndola y haciéndola más exquisita. Una vez montada, es una crema irresistible, ya sea para mezclarla con el café o para transformarla en el tentador *chantilly*. Deléitese con sabores frescos y enriquecidos.

Variedades existentes en el mercado

Conozca mejor este ingrediente, de textura y consistencia únicas, que enriquece los alimentos a los que se le añade un sabor y una cremosidad inconfundibles. Batidas o como partes de una crema, en platos dulces o salados, la nata es siempre deliciosa.

¿Qué es la nata?

La nata es un producto derivado de la concentración de la materia grasa contenida en la leche. Este proceso consiste en dejar la leche en reposo hasta que se forme en la superficie una capa de grasa. Este es el método de desnatado natural, aunque es el más lento. El desnatado industrial se hace mediante centrifugado; con este proceso, se obtiene una mayor rapidez, más calidad y más rendimiento en la obtención de la nata. Actualmente, existen diferentes variedades que reducen en más de un 50% el contenido graso, ofreciendo el aroma y la textura a cualquier postre o plato, sin perjudicar sus propiedades culinarias.

Nata para batir – La consistencia de este tipo de natas es ideal para la confección de chantilly. Antes de batir, colóquelas durante unos minutos en el congelador.

Nata fresca – Ideales para batir. Están disponibles en bolsas de plástico, deben conservarse en frío.

Nata ácida – Se conservan durante poco tiempo. Normalmente, se usan en la cocina alemana, rusa, austriaca y escandinava. Se usa, por ejemplo, en la preparación de *blini*, *borsch* y *goulasch*. Tienen un sabor levemente ácido. Están a la venta en el comercio. Sin embargo, también puede prepararla en casa, añadiendo a la nata fresca unas gotas de zumo de limón.

Nata para cocinar – Combinan con carne, pescado, verduras, marisco y arroz.

Nata con champiñones – Deliciosa combinación de nata con champiñones picados.

Nata *light* – Con un contenido en grasa inferior, son por este motivo, más liquidas que las demás variedades.

Nata con queso – Los amantes del queso aprecian mucho este tipo de nata. Consisten en la combinación de algunas variedades de queso con nata, dando origen a salsas con sabores más intensos.

Nata para el café – Pequeñas dosis individuales que se añaden al café para darle más cremosidad.

Nata vegetal – Elaborada a base de grasas vegetales, tienen un sabor delicado y un bajo contenido en colesterol. Son indicadas para uso en pastelería, y resultan ideales para la preparación de salsas y de helados.

Nata de soja – Es fácil de digerir, porque tiene menos grasa. Indicadas a personas con intolerancia a la lactosa, o que no consuman productos lácteos. Sin embargo, este tipo de nata no puede ser montada. Actualmente ya se encuentran a la venta como sprays (*chantilly*) en tiendas de productos naturales.

Contenido en materia grasa

Nata grasa
Contenido mínimo en materia grasa: **50%**

Nata normal
Contenido mínimo en materia grasa: **30%**

Nata *light*
Contenido máximo de materia grasa: **12%**

Proceso de elaboración

- Nata pasteurizada;
- Nata ultra pasteurizada (UHT);
- Nata esterilizada.

En cuanto al proceso de tratamiento tecnológico

Antes de batir la nata en *chantilly*, colóquela unos minutos en el congelador.

Nata sin madurar – Este tipo de nata no está fermentada; está apenas tratada por calentamiento (pasteurizada o ultrapasteurizada), con el fin de neutralizar la flora patógena sin alterar su composición natural.

Nata madurada – Este tipo de nata está previamente pasteurizada y después fermentada por bacterias lácteas, que provocan un proceso de acidificación. Esta acidez realza su aroma y altera sus propiedades, haciendo que la nata sea más fácil de batir, y dificulta el desarrollo de algunos microorganismos, facilitando así la conservación.

Nata esterilizada – Es sometida, en el mismo recipiente suministrado al consumidor, a un tratamiento térmico para asegurar la destrucción de los gérmenes.

¿QUÉ SIGNIFICA "CORTAR"?

La nata está compuesta por glóbulos de grasa, compuestos por una membrana que contiene varios componentes, como por ejemplo, proteínas. Cuando se rompe una de estas membranas que envuelve los glóbulos de grasa, ya sea por calentamiento o por la adición de ácidos, la nata se "corta"; es decir, sus proteínas se coagulan.

Conservación

La nata es un producto bastante sensible. Su tiempo de conservación varía según el tratamiento térmico al que fué sometida.

¿QUÉ SIGNIFICA UHT?

Significa `Ultra High Temperature´(o Temperatura Extremadamente Alta). Consiste en un proceso en el que los productos son sometidos a altas temperaturas (de promedio, 140º C) durante algunos segundos. De este modo, los productos quedan esterilizados y se logra un tiempo de conservación más prolongado. La ventaja de este método consiste en una mejor retención de las propiedades originales del producto –principalmente, su sabor- , en comparación con la esterilización clásica.

Nata pasteurizada – También se la conoce con el nombre de nata fresca. El proceso al que ha sido sometida mantiene su calidad nutritiva. Esta nata tiene un tiempo de vida de unos pocos días, y debe ser conservada en el frigorífico. Es excelente y proporciona los mejores resultados tanto en postres como al preparar platos calientes.

Nata ultra pasteurizada (UHT) – Tienen un tiempo de vida de varios meses; debe conservarse en el frigorífico una vez el recipiente ha sido abierto (dos días). Es indicada para la preparación de postres, pero no para la preparación de platos calientes, pues se cortan con mucha facilidad. Actualmente, existe nata UHT especial para cocinar, que deja la carne y el pescado más suave y las salas más ligadas y cremosas.

Nata esterilizada – ES insípida, aunque con un ligero toque dulce. Su tiempo de conservación es de varios meses.

Propiedades y consejos de consumo

VALOR NUTRITIVO

Todas las variedades de nata que se comercializan contienen un valor razonable de vitamina A, calcio y fósforo. Debido a su alto contenido en grasas saturadas, que varía entre el 18 y el 45%, este alimento debe ser consumido con moderación. Como promedio, el valor calórico de la nata puede alcanzar más de 200 kilocalorías por cada 100 mililitros de producto; este valor puede incluso aumentar en el caso de que la nata contenga azúcar. De manera general, podemos decir que la nata con menores contenidos en grasas proporcionan mayores cantidades de minerales, como calcio, magnesio o fósforo por cada 100 gramos de producto, además de contener menos calorías, grasas saturadas y colesterol y una pequeña cantidad de vitamina A. Esta información debe estar contenida en la etiqueta de los envases.

Las cualidades nutritivas de la nata son muy similares a las de la leche, al ser un derivado de la misma. La diferencia entre ambos alimentos reside en la cantidad de grasa, que hacen de la nata un alimento más calórico y con algunas contraindicaciones para una dieta plenamente saludable. No obstante, ya existe nata de soja y nata vegetal, que son más saludables, mientras que la nata de origen animal es menos adecuada para personas con tendencia a la obesidad y no es bien tolerada por personas con problemas gastrointestinales.

La nata combina bien con cualquier postre y también con helados.

Recetas

Dificultad _ **fácil**

Tiempo _ **35 minutos**

Para _ **4 personas**

Sopa fria de nata con guisantes

INGREDIENTES **3 cebollitas nuevas | 1 nuez de mantequilla | 600 g de guisantes congelados (o frecos) | 1,2 l de agua | 200 g de nata | 1 ramillete de hierbabuena | sal y pimienta molida al gusto**

Pique las cebollitas y rehóguelas en la mantequilla durante cinco minutos.

Añada los guisantes y el agua. Déjelo cocinar durante 10 minutos más. Retire y reserve algunos guisantes para la decoración y triture todo con en la licuadora.

A continuación, pase el preparado por un colador y reserve.
Bata la nata y sazónela con sal y pimienta. Vierta la sopa en platos fríos, añada la nata y sírvalos decorados con los guisantes reservados y la hierbabuena.

SALADOS

Sugerencia...
añada dos zanahorias a los ingredientes.

Dificultad _ **fácil** Tiempo _ **35 minutos** Para _ **4 personas**

Sopa de coliflor y judías

INGREDIENTES **1 cebolla | 500 g de coliflor | 200 g de calabacín | 1 tomate | 3 cucharadas de aceite de oliva | 1 lata pequeña de judías blancas | 1 dl de nata | 1 cucharada de cebollino picado | sal al gusto**

Pele la cebolla y córtela en trozos. Separe la coliflor en ramilletes. Corte el calabacín en medias lunas y el tomate en daditos. Póngalos al fuego en una olla con 1,2 litros de agua. Sazone con sal y añada la cebolla y la coliflor; deje cocer un poco más. Retire un poco de la coliflor, y reserve. Añada a la sopa el aceite y las judías blancas, reservando también algunas para decoración. Deje hervir durante cinco minutos. Suavice la sopa con la nata; mezcle las judías y los ramilletes de coliflor reservados. Espolvoree con el cebollino y sirva.

Dificultad _ **fácil** Tiempo _ **30 minutos** Para _ **4 personas**

Vichyssoise de zanahoria

INGREDIENTES **1 cebolla pequeña | 2 dientes de ajo | 200 g de patatas 600 g de zanahorias | 50 ml de aceite de oliva | 1,5 l de agua | 1 dl de nata sal y pimienta al gusto**

Pele y pique la cebolla y los ajos. Después, haga lo mismo con las patatas y las zanahorias; córtelas en trozos. Rehogue los dos primeros ingredientes en aceite; añada las verduras rehogando todo un poco más. Añada agua y deje cocinar durante 15 minutos. Al cabo de ese tiempo, reduzca todo a puré y deje que se enfríe; ponga el preparado al frío. Triture nuevamente y añada la nata.
Rectifique de sal y pimienta y sirva.

Dificultad _ **fácil**

Tiempo _ **40 minutos**

Para _ **4 personas**

Crema de espárragos

INGREDIENTES **2 cebollas | 400 g de patatas | 1 puerro (parte blanca) | 1 dl de aceite de oliva | 1,2 l de agua | 2 frascos de espárragos blancos | 1 dl de nata | 1 ramita de poleo | sal al gusto**

Pele las cebollas, las patatas y el ajo y corte todo en trozos. Lave las verduras muy bien, y dórelas en el aceite. A continuación, añada agua y sazone con sal; tape y déjelo cocinar durante 20 minutos a fuego lento.

Escurra los espárragos; reserve las puntas y añada el resto de los espárragos a la sopa. Deje hervir durante un minuto y triture. Mezcle la nata y rectifique de sal. Sirva con las puntas de espárragos que reservo y las hojitas de poleo.

SALADOS

Sugerencia...
Si lo prefiere, puede utilizar espárragos verdes.

Dificultad _ **fácil** Tiempo _ **25 minutos** Para _ **4 personas**

Rollitos de crepe con bacalao

INGREDIENTES **115 g de harina de trigo | 50 g de mantequilla a temperatura ambiente | 3 huevos | 2 yemas | 2 dl de leche | 1 tajada de bacalao | 1 dl de nata | 1 ramita de cebollino | sal y pimienta al gusto**

Haga la masa de los crepes: coloque la harina en un recipiente y añádale la mantequilla, los huevos, las yemas y la leche. Bata todo y reserve. Ponga una sartén anti-adherente al fuego, y ponga pequeñas cantidades de masa en la sartén, cubriendo el fondo de la misma. Deje que se hagan y déles la vuelta con una espátula. Cueza el bacalao en agua abundante. Retírelo y deshágalo. Añada la nata, el cebollino picado, sal y pimienta y mezcle todo bien. Extienda la masa de los crepes en una superficie, y cúbralo con el preparado de bacalao. Enrolle los crepes y llévelos al frigorífico hasta que queden firmes. Retire y córtelos por la mitad.

Dificultad _ **fácil** Tiempo _ **45 minutos** Para _ **4 personas**

Bocaditos de gambas

INGREDIENTES **1 cebolla | 2 dientes de ajo | 2 cucharada de mantequilla 150 g de champiñones | 2 tomates maduros | 400 g de gambas peladas 1 dl de vino blanco | 1 dl de nata | 4 tortillas mexicanas | sal y poleo al gusto**

Rehogue la cebolla y los dientes de ajo picados en mantequilla y añádales los champiñones cortados en láminas. Pele el tomate y límpielo de semillas; añada la pulpa cortada en dados al sofrito. Añada las gambas peladas en trozos y sazone con sal. Unos minutos después, añada al sofrito el vino y déjelo cocinar hasta que reduzca. Finalmente, ponga la nata y déjelo cocinar hasta ganar alguna consistencia. Espolvoree con poleo. Caliente las tortillas mexicanas unos minutos en el horno. Rellénelas, enróllelas y sirva.

Dificultad _ **fácil**

Tiempo _ **40 minutos**

Para _ **8 personas**

Quiche cremosa de calabaza y queso

INGREDIENTES **300 g de harina de trigo | 1 cucharada de mantequilla a temperatura ambiente | 1 huevo | 1 dl de agua caliente mantequilla y harina al gusto**

RELLENO **500 g de calabaza | 100 g de queso en crema 1 ramita de perejil picada | 80 g de queso parmesano rallado 4 huevos | 1 dl de nata | sal y pimienta al gusto**

Unte un molde de tarta con mantequilla y espolvoréelo con harina. Mezcle la harina con la mantequilla y el huevo; vierta encima el agua. Sazone con sal y pimienta y reserve la masa. Forre el molde con la masa y reserve.

Prepare el relleno: parta la calabaza en pedazos y cuézalos en agua abundante. Retire; escurra los trozos de calabaza y deje que se sequen un poco. Triture la calabaza con el queso y rectifique de sal y pimienta. Mezcle con el perejil picado, los huevos y la nata. Vierta el preparado en el molde de la tarta y póngalo en el centro del horno, a 180º C, durante 30 minutos.

Sugerencia...
Utilice queso en crema aromatizado.

Dificultad _ **fácil** Tiempo _ **35 minutos** Para _ **4 personas**

Quiche *lorraine*

INGREDIENTES **400 g de masa de hojaldre | 300 g de bacón | 1 cucharada de aceite | 4 huevos | 3 dl de nata | harina, mantequilla, sal, pimienta y nuez moscada al gusto**

Prepare el horno a 170° C. Extienda la masa con un rodillo de cocina sobre una superficie espolvoreada con harina. Unte un molde de tarta con mantequilla y fórrelo con la masa. Pinche la masa con un tenedor y retire lo que sobra. Corte el bacón en pequeñas tiras no demasiado finas y escáldelas en agua a punto de hervir durante un minuto; escurra el bacón y reserve. Caliente aceite en una sartén. Añada el bacón y deje que se dore a fugo lento. Aparte, bata los huevos con las natas y rectifique de sal, pimienta y nuez moscada. Coloque el bacón en el molde y vierta encima el preparado de nata. Póngalo en el centro del horno durante 30 minutos. Sirva caliente o frío.

Dificultad _ **fácil** Tiempo _ **30 minutos** Para _ **4 personas**

Pasta tricolor con marisco

INGREDIENTES **300 g pasta de coditos | 1/2 pimiento verde y 1/2 rojo | 200 g de calamares | 150 g de gambas peladas | 100 g de mejillones sin concha | 1 dl de vino blanco | 1 dl de nata | azafrán, sal, aceite y cebollino al gusto**

Cueza la pasta en agua con azafrán y sal; escurra y reserve. Corte los pimientos y los calamares en tiras finas. Rehogue los pimientos en aceite. Retírelos y rehogue las tiras de calamar, las gambas y los mejillones en la misma grasa. Rectifique de sal y refresque con el vino. Coloque pequeños aros sobre los platos y llénelos con la pasta, los pimientos, el marisco y el calamar. Hierva la nata y sazone con sal. Retire los aros y riegue con la salsa de nata. Decore con cebollino picado y sirva.

Dificultad _ **media**

Tiempo _ **40 minutos**

Para _ **8 personas**

Saquitos de bacalao

INGREDIENTES **100 g de puerro | 4 champiñones | 2 cebollas | 2 dientes de ajo | 2 cucharadas de mantequilla | 200 g de bacalao cocido y limpio | 1 dl de vino blanco | 1 dl de nata | 2 cucharadas de cilantro picado | 8 crepes | sal y pimienta al gusto**

Corte una hoja verde de puerro en ocho tiras estrechas. Escáldelas; escúrralas y reserve. Pique el puerro restante, los champiñones, las cebollas y los dientes de ajo. Rehogue los dos últimos en mantequilla.

A continuación añada el puerro y deje rehogar. Incorpore los champiñones y mezcle. Desmigue el bacalao y añádalo al sofrito. Rectifique de sal y pimienta y déjelo cocer un poco. Refresque con el vino y deje hervir durante dos minutos.

Retire del fuego para que se enfríe. Añada el cilantro al preparado; mezcle y rectifique de sal. Coloque los crepes sobre una encimera; distribuya el relleno sobre los crepes y una las puntas. Átelas con las tiras de puerro reservadas, formando saquitos.

Sugerencia...
Añada un tomate picado al sofrito.

Dificultad _ **fácil** Tiempo _ **50 minutos** Para _ **4 personas**

Rollitos de merluza

INGREDIENTES **3 cucharadas de aceitunas | 2 cucharadas de alcaparras | 8 filetes de merluza | 2 manojos de espinacas | 1 cebolla mediana | 8 dientes de ajo | 3 tomates pelados | 1 cucharada de pulpa de tomate triturado | 1 paquete de espárragos | 1 dl de nata | poleo, sal, aceite de oliva y azúcar**

Haga una pasta con las aceitunas, las alcaparras y el poleo; esparza la pasta sobre los filetes. Colóquelos sobre film de cocina adherente, enrolle y ate bien las puntas. Cuézalos en agua con sal durante 20 minutos. Sofría en un poco de aceite la cebolla, la mitad del ajo y el tomate, todo bien picado. Añádala un poco de agua y la pulpa. Rectifique de sal y déjelo cocinar. Al final, añada un poco de azúcar. Prepare los espárragos con la nata en sustitución del agua. Sirva los filetes con la salsa de tomate y los espárragos.

Dificultad _ **fácil** Tiempo _ **20 minutos** Para _ **4 personas**

Crujientes con carne de cangrejo

INGREDIENTES **1 dl de nata | 80 g de palitos de cangrejo | 1 tomate pequeño | tortillas de maíz, sal, pimienta y hojas de berro al gusto**

Corte las tortillas de maíz en discos más pequeños y caliéntelos en el microondas, a la potencia máxima, durante 10 segundos. Coloque los discos sobre un molde redondo, para que adquieran el formato cuando sequen y enfríen. Bata la nata con una pizca de sal y resérvela en el frigorífico. Pique la carne de cangrejo y el tomate, sin semillas; sazone con sal y pimienta. Unte la nata sobre las tortillas, y coloque encima la mezcla reservada. Decore con las hojas de berro y sirva.

Dificultad _ **media**

Tiempo _ **45 minutos**

Para _ **6 personas**

Milhojas de pescado

INGREDIENTES **1/2 pimiento rojo | 1/2 pimiento verde | 1/2 calabacín | 400 g de pescado | 3 huevos | 2 dl de nata | 1 rollo de masa de hojaldre | mantequilla, aceite de oliva, sal y pimienta al gusto**

Ponga el horno a 180º C. Corte las verduras en pedazos; dórelas un poco en aceite, y sazone con la sal y la pimienta. Corte el pescado en trozos y añádalos al preparado anterior. Deje cocinar bien; retire del fuego y reserve, dejando que se enfríe un poco.

Bata los huevos; añada la nada y sazone con sal y pimienta. Añada esta mezcla al preparado anterior cuando aún este templado. Unte un molde cóncavo con mantequilla y extienda en él la masa. Rellene con la mezcla de pescado y cubra con la masa. Llévelo al horno, durante 35 minutos. Retire y sirva templado o frío.

Sugerencia...
Añada zanahorias parisinas al relleno.

Dificultad _ **fácil** Tiempo _ **1 hora** Para _ **6**

Bacalao con surtido de quesos

INGREDIENTES **500 g de bacalao | 1,2 kg de mandioca | 2 cucharadas de mantequilla | 150 g de queso *gorgonzola* | 150 g de queso *mozzarella* | 150 g de queso parmesano | 150 g de queso *provolone* | 150 g de queso *ricotta* o fresco | 1 dl de nata | leche al gusto**

Ponga a remojar el bacalao en leche, durante media hora. Caliente el horno a 180° C. Cueza la mandioca pelada y cortada en trozos. Deje que enfríe y reduzca a puré. Añada la mantequilla y mezcle todo bien. Limpie el bacalao de pieles y espinas y desmíguelo. Coloque todos los ingredientes en capas en un fuente de hornear y ponga el recipiente al horno durante 40 minutos. 10 minutos antes de que esté listo, riéguelo con la nata y deje que termine de hacerse.

Dificultad _ **fácil** Tiempo _ **35 minutos** Para _ **4 personas**

Rollitos de pescado y zanahoria

INGREDIENTES **800 g de filetes de pescado | 2 dientes de ajo | 2 zanahorias 1 cebolla | 1 cucharadita de tomate triturado | 2 dl de nata | limón, sal, aceite de oliva, piñones y mejorana al gusto**

Sazone los filetes con zumo de limón, un ajo machacado y sal. Haga una pasta con la mejorana, los piñones y el aceite, y unte los filetes con esta pasta. Enróllelos; fíjelos con unos palillos y dórelos en aceite. Pele y corte las zanahorias en rodajas finas. Escáldelas en agua a punto de hervir y mezcle con los rollitos. Rehogue la cebolla y el ajo picado en aceite. Añada el tomate y déjelo hervir. Vierta la nata y sazone con sal; añada la mejorana picada. Sirva los rollitos con la salsa y con patatas hervidas, ya salteadas en aceite, ajo y perejil.

Dificultad _ **fácil**

Tiempo _ **30 minutos**

Para _ **4 personas**

Brocheta de salmón

INGREDIENTES **800 g de patatas | 600 g de lomo de salmón | 1 pimiento verde | 1 pimiento rojo | 1 cebolla grande | 50 ml de aceite de oliva 8 tomates cereza | 2 dl de nata | 1 ramita de perejil | sal, pimienta y aceite al gusto**

Calentar el horno a 180º C. Lave las patatas y envuélvalas en papel de aluminio, Llévelas el centro del horno durante 15 minutos. Corte el salmón, los pimientos y la cebolla en dados; sazónelos con el aceite, la sal y la pimienta. Coloque todo en brochetas, acabando cada pincho con un tomate cereza.

Dore las brochetas en el aceite resultante de la marinada, a fuego lento, girándola para que se hagan por todos los lados. Bata la nata fría y reserve. Haga un corte en cruz sobre el papel de aluminio en el que enrolló las patatas; cúbralas con la nata y la salsa. Sirva todo junto.

Sugerencia...
Añada algo de bacón a los ingredientes.

Dificultad _ **fácil** Tiempo _ **1 hora** Para _ **8 personas**

Filetes de congrio

INGREDIENTES **4 filetes de congrio negro | 400 g de brócoli | 400 g de zanahorias | 1 hoja verde de puerro | 2 dl de nata | 1 cucharadita de azafrán | sal y pimienta blanca en grano al gusto**

Sazone los filetes con sal y un poco de pimienta molida. Enróllelos y envuélvalos en un film adherente de cocina. Cuézalos en agua hirviendo durante 10 minutos y resérvelos. Lave y prepare los brócoli, separándolos en trozos pequeños. Pele las zanahorias y córtelas, dándoles forma redondeada. Cueza las verduras en agua hirviendo, con sal. Escalde también la hoja del puerro; divídala en tiras. Ponga la nata al fuego; añada el azafrán y rectifique de sal. Deje hervir para que el preparado reduzca un poco. Por último, retire los filetes del film adherente y envuelva cada uno en una tira de puerro. Sírvalos con las verduras, bañadas con la salsa de azafrán.

Dificultad _ **media** Tiempo _ **45 minutos** Para _ **4 personas**

Gambas con *tagliatelle*

INGREDIENTES **250 g de *tagliatelle* | 600 g de gambas | 1 dl de aceite de oliva | 4 dientes de ajo | 2 tomates | 1 dl de vino | 1 dl de nata | sal, aceite y mejorana al gusto**

Cocine los tagliatelle en agua con sal y reserve. Pele las gambas, dejándoles la cola y la cabeza; sazónelos con sal. Dórelos en el aceite; retire y reserve. Pique los ajos; rehóguelos en aceite y añádales el tomate picado, sin piel ni semillas. Rectifique de sal y añada el vino. Deje que reduzca; añada la nata y las gambas y mezcle todo. Rectifique de sal y sirva, añadiendo la mejorana picada en el momento de servir.

Dificultad _ **fácil**

Tiempo _ **35 minutos**

Para _ **4 personas**

Brochetas de pollo

INGREDIENTES **4 pechugas de pollo | 1 calabacín verde | 5 chalotas | 1/2 pimiento verde | 1/2 pimiento rojo | 4 patatas grandes | 1 yogur natural | 3 cucharadas de nata | 1 limón (zumo) | 1 cucharada de perejil picado | sal y pimienta al gusto**

Corte las pechugas de pollo en dados; sazone con sal y pimienta y resérvelos. Lave y prepare el calabacín, las chalotas y los pimientos; córtelos en dados del tamaño de los cubitos de pollo. Ensarte en las brochetas la carne y las verduras, alternándolas. Sazone con sal y pimienta y ase las brochetas.

Lave las patatas y envuélvalas en papel de aluminio. Colóquelas en el centro del horno a 180º C, durante 25 minutos. Prepare la salsa: coloque en un recipiente un yogur y la nata y sazone con sal, pimienta y el zumo del limón. Mezcle cuidadosamente con una batidora de varillas.

Cuando las patatas estén asadas, quíteles el papel de aluminio y hágales un corte en diagonal. Ábralas ligeramente y aplique la salsa de yogur. Espolvoree con el perejil picado y sirva las patatas con las brochetas.

Sugerencia...
Utilice pimientos, de distintos colores.

Dificultad _ **fácil** Tiempo _ **30 minutos** Para _ **4 personas**

Pollo con salsa de coco

INGREDIENTES **600 g de pechuga de pollo | 1 limón (zumo) | 1 dl de aceite de oliva | 1 diente de ajo | 1,5 dl de leche de coco | 2 dl de nata | 100 g de tomate cereza | sal, pimienta y mejorana al gusto**

Corte las pechugas de pollo en tiras; sazóne con sal, el zumo de limón y la pimienta. Dórelas en aceite, añadiendo el diente de ajo picado. Añada la leche de coco y la nata y déjelo cocer a fuego lento. Añada el pollo y los tomates cereza, cortados por la mitad; rectifique de sal y pimienta. Añada la mejorana y mezcle cuidadosamente. Sírvalo decorado a su gusto.

Dificultad _ **fácil** Tiempo _ **40 minutos** Para _ **4 personas**

Pollo al curry

INGREDIENTES **850 g de pollo | 1 cebolla | 1 diente de ajo | 0,5 dl de aceite de oliva | 1 lata de coco en conserva | 300 g de gambas peladas 1 cucharada de curry en polvo | 2 dl de nata | 1 ramita de cilantro 300 g de arroz | sal y pimienta al gusto**

Prepare el pollo; córtelo en trozos y sazónelos con sal y pimienta. Corte y pique la cebolla finamente, así como el ajo; dórelos en el aceite. Añada la carne y deje cocinar todo durante 10 minutos. Añada después el coco cortado en juliana, las gambas peladas y el curry. Riegue el preparado con el agua del coco y la nata. Mezcle todo bien; rectifique de sal, y espolvoree con el cilantro picado. Cueza el arroz en agua con sal. Escúrralo, páselo por agua fría y escurra de nuevo. Sirva el arroz con el pollo al curry.

Dificultad _ **fácil**

Tiempo _ **20 minutos**

Para _ **4 personas**

Macarrones a la carbonara

INGREDIENTES **300 g de macarrones | 1 cebolla pequeña | 2 dientes de ajo 200 g de bacón | 50 ml de aceite de oliva | 2 dl de nata | 1 ramita de perejil sal y pimienta al gusto**

Cueza los macarrones en agua abundante con sal y pimienta; reserve. Pique la cebolla y los ajos y corte el bacón en tiras finas. Rehogue todo en aceite de oliva. Déjelo apurar y sazone con sal y pimienta. Añada la nata y, cuando hierva, mezcle la pasta. Sirva espolvoreado con el perejil picado.

Sugerencia...
Añada a la nata 50 g de parmesano rallado .

Dificultad _ **media** Tiempo _ **40 minutos** Para _ **4 personas**

Escalopes de ternera con nata

INGREDIENTES **8 escalopes de ternera | 1 cucharada de zumo de limón | 300 g de patatas | 500 g de judías verdes | 1 dl de aceite de oliva | 2 dientes de ajo | 1 dl de vino | 1 dl de nata | sal y aceite al gusto**

Sazone los escalopes con sal y zumo de limón; resérvelos. Corte las patatas en triángulos pequeños y fríalos en aceite; retírelos y escúrralos sobre papel de cocina y resérvelos calientes. Corte las judías verdes en trozos. Cuézalas y reserve. Fría los escalopes en aceite por ambos lados. Retírelos y añada los ajos picados a la grasa que quedó. Rehogue un poco más y refresque con el vino; deje reducir. Suavice con la nata; rectifique de sal y deje que la salsa espese. Riegue la carne con la salsa, y sírvala acompañada de las judías verdes y las patatas fritas.

Dificultad _ **fácil** Tiempo _ **35 minutos** Para _ **6 personas**

Dulce de galleta y nata

INGREDIENTES **4 dl de nata | 4 huevos | 10 cucharadas de azúcar | 3 dl de leche | 30 galletas tipo María | Canela en rama y canela en polvo al gusto**

Bata la nata, que tiene que estar muy fresca. Aparte, bata las claras con cinco cucharadas de azúcar. Mezcle enseguida los dos preparados y reserve en el frigorífico. Mezcle las yemas con el azúcar restante; añádale la leche fría y póngalas el fuego, sin dejar de remover, hasta que espesen. Retire del calor y deje enfriar. Ponga varias capas de galleta triturada y el preparado de la nata con las claras en copas individuales. Termine todo con la crema de las yemas, decore con la canela y sirva bien frío.

Dificultad _ **fácil**

Tiempo _ **40 minutos**

Para _ **10 personas**

Pastel con *chantilly* y frutas

INGREDIENTES **250 g de mantequilla | 250 g de azúcar | 5 huevos | 250 g de harina | 1 cucharada de levadura de panadería en polvo | 1 cucharadita de aroma de vainilla | mantequilla y harina al gusto**

COBERTURA **200 ml de nata | 3 cucharadas de azúcar | 200 g de frutas frescos variadas (manzanas, naranjas, kiwis, piña y fresas) | 1 limón (zumo) | chocolate en polvo y virutas de almendra al gusto**

Unte un molde redondo, de 24 centímetros de diámetro, con mantequilla; espolvoréela con harina. Caliente el horno a 180° C. Bata la mantequilla con el azúcar y añada las yemas, sin dejar de batir mientras las va echando. Añada la harina mezclada con la levadura, y alterne con las claras.

Añada la vainilla, mezclando todo delicadamente. Vierta en el molde y llévelo al horno. Déjelo cocer durante 40 minutos. Retire del horno y deje enfriar; desmolde.

Prepare la cobertura: bata la nata hasta que quede bien firme. Solo cuando la nata esté bien batida debe añadir el azúcar y batir un poco más hasta que quede todo bien mezclado. Con la ayuda de una cuchara, coloque el chantilly en una manga pastelera con una boquilla rizada; cubra la superficie del pastel. Reserve en el frigorífico.

Lave las frutas; pélelas y córtelas en trozos. Rocie las manzanas con el zumo de limón para que no se vuelvan oscuras; pele las naranjas y retírelas la parte blanca. Espolvoree con el chocolate en polvo y reparta las frutas en pedazos. Espolvoree con las almendras.

Dificultad _ **fácil** Tiempo _ **1 hora** Para _ **12 personas**

Tarta de nata

INGREDIENTES **230 g de galletas de chocolate | 90 g de margarina | 1 huevo | 4 hojas de gelatina incolora | 2 dl de nata *light* | 1 yogur *light* | 1 cucharadita de fructosa | mantequilla, virutas de chocolate y frambuesas al gusto**

Unte un molde de tarta con mantequilla. Caliente el horno a 180º C. Triture las galletas y añádales la mantequilla y el huevo. Amase todo muy bien y forre con la pasta el molde untado. Reserve en el congelador durante 10 minutos. Póngalo en el centro del horno durante 10 minutos. Retire y deje enfriar en el frigorífico. Ponga las hojas de gelatina a remojo en agua fria. Bata la nata; retire dos cucharadas y ponga a fuego lento con las hojas de gelatina escurridas. Mueva bien hasta que se disuelvan; añada el yogur y la fructosa. Mezcle la nata restante y coloque el preparado en el molde de la tarta. Llévela al frigorífico, hasta que solidifique. Desmolde y decore con las virutas de chocolate y las frambuesas.

Dificultad _ **difícil** Tiempo _ **45 minutos** Para _ **4 personas**

Tulipas cremosas

INGREDIENTES **100 g de azúcar en polvo | 3 claras | 100 g de harina 100 g de mantequilla** MOUSSE **2 cucharadas de azúcar 1 cucharada de mantequilla | 100 g de queso *mascarpone* | 2 dl de nata**

Forre una bandeja con papel vegetal. Mezcle el azúcar con las claras. Mezcleles la harina y la mantequilla. Extienda la masa y forme cuatro círculos. Coloque los círculos sobre la bandeja y déles la forma de estrellas. Meta la bandeja al horno a 180º C durante tres minutos. Retire las estrellas; colóquelas sobre una copa vuelta boca abajo y deje que se enfríen. Prepare la *mousse*: bata el azúcar con la mantequilla y el queso. Aparte, bata la nata hasta que quede bien firme y mézclela con el preparado anterior. Llene con ella una manga pastelera. Retire las tulipas de las copas y rellénelas con la *mousse*. Decórelas a su gusto.

Dificultad _ **media**

Tiempo _ **1 hora y 30 minutos**

Para _ **9 personas**

Delicias de nuez y nata

INGREDIENTES **6 huevos | 250 g de azúcar | 180 g de harina
1 cucharadita de levadura de panadería en polvo
2 cucharadas de mantequilla | mantequilla y azúcar al gusto**

CREMA **5 hojas de gelatina incolora | 500 ml de nata | 60 g de azúcar | 200 g de chocolate en tableta | 2 cucharadas de mantequilla | 80 g de nueces peladas y picadas | medias nueces, azúcar, caramelo líquido y chocolate en polvo al gusto**

Unte una bandeja rectangular, de 30 por 40 centímetros, con mantequilla; forre la bandeja con papel vegetal, también untado. Caliente el horno a 180° C. Bata las yemas con la mitad del azúcar. Bata las claras con el azúcar restante y mézclelas con el preparado anterior, alternando con la harina y la levadura. Derrita la mantequilla y mézclela con la crema. Vierta sobre una bandeja y póngala en el horno durante 25 minutos. Retire y deje que se temple. Desmolde sobre un paño espolvoreado con azúcar.

Para la crema: ponga a remojo las hojas de gelatina en agua fría. Bata la nata; añada el azúcar y siga batiendo. Escurra la gelatina y añada tres cucharadas de nata. Póngala al fuego lento hasta que la gelatina se derrita, y añada a la nata restante. Parta el chocolate en trozos; añádalos a la mantequilla y póngalos al baño María para que se derrita. Añada la mitad de la nata y las nueces picadas.

Forre una bandeja con film adherente de cocina; vierta encima el preparado de nata y gelatina. Corte el pastel por la mitad (en sentido horizontal), y coloque una de las dos mitades sobre la crema de nata. Esparza por encima una capa de crema de chocolate y nuez, y coloque encima la otra mitad de la masa. Lleve todo al congelador para que solidifique. Desmolde, girando el pastel sobre una superficie espolvoreada con azúcar; corte el pastel en cuadrados. Decore con las medias nueces, caramelo líquido y el chocolate en polvo. Sirva fresco.

Dificultad _ **fácil** Tiempo _ **40 minutos** Para _ **4 personas**

Crema de melocotón

INGREDIENTES **4 melocotones | 130 g de azúcar en polvo | 1,5 naranja (zumo) | 2 dl de nata | 200 g de requesón | 60 g de bizcochos | 25 g de pistachos picados | azúcar en polvo y melocotón al gusto**

Ponga los melocotones laminados y la mitad del azúcar al fuego. Añádale el zumo de naranja y deje cocer lentamente durante algunos segundos. Retire del fuego y deje enfriar completamente. Aparte, bata la nata y añádales el resto del azúcar. Aplaste el requesón y mézclelo con la mitad de la nata. Distribuya los melocotones por las copas y cúbralos con los bizcochos triturados. Cubra con la nata y, para terminar, añada la crema de requesón. Espolvoree con los pistachos y el azúcar en polvo, y decore con gajos de melocotón. Sirva la crema fresca.

Dificultad _ **fácil** Tiempo _ **45 minutos** Para _ **8 personas**

Semifrio de melocotón y nectarinas

INGREDIENTES **1 paquete de bizcochos o soletillas | 10 hojas de gelatina 3 nectarinas | 2 mitades de melocotón en almíbar | 50 ml de almíbar de melocotón 6 claras | 300 g de azúcar | 4 dl de nata | Almíbar y nectarinas al gusto**

Salpique los bizcochos con el almíbar y forre el fondo y las paredes de un molde con los mismos. Ponga la gelatina a remojar en agua fría. Triture la pulpa de las nectarinas y los melocotones. Caliente el almíbar al baño María y disuelva la gelatina escurrida. Añada la pulpa de la fruta y mezcle todo bien. Bata las claras; añádales el azúcar, siga batiendo un poco y mezcle la nata batida. Añada las frutas al preparado. Coloque la crema dentro del molde y llévelo al frigorífico hasta que solidifique. Desmolde y decore con las nectarinas.

Dificultad _ **fácil**

Tiempo _ **20 minutos**

Para _ **4 personas**

Delicias de vainilla

INGREDIENTES **500 g de helado de nata | 2 dl de nata | 50 g de azúcar en polvo | 3 cucharadas de licor de cereza | kiwis, papayas, grosellas, frambuesas, arándanos, leche condensada y hojas de hierbabuena al gusto**

Coloque moldes cuadrados en el congelador durante 30 minutos antes de utilizarlos. Bata el helado con una cuchara para que quede más cremoso.

Bata la nata con el azúcar. Añada el licor y mezcle con el helado. Vierta el preparado en los moldes y llévelos al congelador durante 20 minutos para solidificar. Desforme y sirva las delicias decoradas con fruta, leche condensada y las hojas de hierbabuena.

Sugerencia...
Espolvoree con chocolate en polvo.

Dificultad _ **media** Tiempo _ **1 hora y 30 minutos** Para _ **12 personas**

Pastel de nata

INGREDIENTES **125 g de azúcar | 60 g de mantequilla | 1 huevo | 1 limón (corteza) | 250 g de harina | mantequilla para untar | harina para espolvorear | azúcar en polvo**

RELLENO **500 g de azúcar | 2,5 dl de agua | 50 g de harina 1 cucharada de maicena | 5 dl de nata | 1 huevo | 8 yemas | aroma de vainilla al gusto**

Unte un molde de fondo extraíble con mantequilla y espolvorée con harina. Bata el azúcar con la mantequilla. Añada el huevo, la corteza rallada del limón y la harina. Amase, tape y deje en el frigorífico durante 30 minutos. Prepare el relleno: ponga al fuego el azúcar con el agua y hierva durante un minuto. Aparte, mezcle la harina con la nata y póngala al fuego lento, revolviendo hasta que espese. Deje que enfríe y añada el almíbar de azúcar. Bata el huevo con las yemas y mezcle el preparado con el aroma de vainilla. Ponga el horno a 180º C. Extienda la masa sobre una superficie enharinada y forre el molde. Rellénelo con el preparado de nata y llévelo al horno durante una hora.

Dificultad _ **fácil** Tiempo _ **40 minutos** Para _ **4 personas**

Copa de nata y vainilla

INGREDIENTES **2 cucharadas de fructosa | 1 cucharada de maicena | 2 yemas | 3 dl de leche | 1 palito de vainilla | 2 dl de nata | 1 cucharadita de edulcorante líquido**

Mezcle la fructosa con la maicena y las yemas. Llévelas al fuego, junto con la leche y el palito de vainilla; déjelo cocer hasta que espese. Retire, elimine el palito de vainilla y deje que enfríe. Vierta el preparado en tazas y colóquelas en el frigorífico. Bata la nata. Añádales el edulcorante líquido y siga batiendo un poco más. Distribuya el preparado por las copas sobre la crema. Reserve en el frigorífico hasta el momento de servir. Decore a su gusto.

Dificultad _ **fácil**

Tiempo _ **1 hora**

Para _ **12 personas**

Pastel de chocolate

INGREDIENTES **5 huevos | 4 cucharadas de edulcorante en polvo | 50 ml de leche desnatada | 1 cucharada de cacao desnatado en polvo | 1 cucharadita de levadura en polvo | 100 g de harina | 2 dl de nata | 150 g de mermelada de frambuesa sin azúcar | 100 g de chocolate sin azúcar | 1 dl de nata | mantequilla, nata montada, frambuesas y virutas de chocolate**

Caliente el horno a 180° C. Bata las yemas con el edulcorante. Caliente la leche y disuelva en ella el cacao; añada las yemas a este preparado y mezcle. Bata las claras. Aparte, mezcle la levadura con la harina y añádala al preparado anterior, así como las claras, mezclando todo de manera delicada.

Unte dos moldes de tarta con mantequilla y fórrelos con papel vegetal. Reparta la masa por los dos moldes y llévelos el centro del horno durante 15 minutos. Retire; deje enfriar y desmolde.

Bata la nata y extiéndala sobre una de las dos bases de pastel. Cúbralo después con la mermelada de frambuesa y, a continuación, con la otra base.

Prepare la cobertura: pique el chocolate y derrítalo al baño María, junto con la nata. Cubra la superficie del pastel con este preparado y decórelo con nata batida, frambuesas y virutas de chocolate.

Sugerencia...
Sustituya la mitad de la nata por yogur natural.

Dificultad _ **fácil** Tiempo _ **45 minutos** Para _ **4 personas**

Mousse de maracuyá

INGREDIENTES **4 hojas de gelatina | 3 huevos | 100 g de azúcar | 1 cucharadita de harina | 100 g de requesón | 4 maracujás | 2 dl de nata Aceite y chocolate en polvo al gusto**

Ponga las hojas de gelatina a remojo en agua fria. Separe las yemas de las claras. Bata las yemas con el azúcar hasta obtener una crema blanquecina; añada la harina y mezcle todo bien. Póngalo al baño María. Añada las hojas de gelatina, remojadas y escurridas. Pase el requesón por un colador de red y mézclelo con la crema. Bata la nata y las claras por separado y mézclelas con el preparado. Retire la pulpa del maracuyá en un recipiente. Divida la pulpa en dos mitades, y añada una de las mitades a la crema anterior. Reparta la crema en pequeños aros de semifrio, untados con aceite. Lleve los aros al congelador para que solidifiquen. Desmolde sobre platos de postre y cubra los aros con la pulpa de maracuyá restante. Espolvoree con chocolate en polvo y decore a su gusto.

Dificultad _ **fácil** Tiempo _ **40 minutos** Para _ **4 personas**

Mousse de frutas del bosque y queso

INGREDIENTES **4 dl de agua | 1 bolsa de gelatina de piña | 3 dl de nata 2 cucharadas de queso cremoso | 1 cucharada de azúcar | 100 g de frutos rojos azúcar en polvo al gusto**

Hierva dos decilitros de agua y añada la gelatina. Mezcle bien y añada el agua restante; deje enfriar y reserve. Bata la nata y añádale el queso cremoso y el azúcar. Mezcle en este preparado la gelatina y llévelo al frigorífico para que empiece a solidificar. Distribuya algunas frutas del bosque en las copas enfriadas y coloque por encima la *mousse*. Repita la operación hasta terminar los ingredientes. Espolvoree con azúcar y sirva.

Dificultad _ **fácil**

Tiempo _ **1 hora**

Para _ **10 personas**

Pastelitos de nata y kiwi

INGREDIENTES **5 huevos | 230 g de azúcar | 60 g de harina | 1 cucharada de chocolate en polvo | 1 cucharadita de levadura en polvo | 4 kiwis | 2 dl de nata | mantequilla y azúcar en polvo al gusto**

Prepare el horno a 180° C. Unte una bandeja con mantequilla y fórrela con papel vegetal, también untado. Bata los huevos y añádales 190 g de azúcar, batiendo un poco más. Añada el chocolate en polvo y la levadura de panadero a la harina; mézclela delicadamente con la masa. Vierta la masa sobre la bandeja y llévela al centro del horno durante 15 minutos.

Retire y deje enfriar. Vuelque el pastel sobre una superficie espolvoreada con azúcar y córtelo en círculos con un aro de cortar. Pele los kivis y corte tres de ellos en pedazos. Bata la nata y añádale el azúcar restante. Siga batiendo un poco más; introduzca la nata en una manga pastelera con boquilla rizada. Componga los pastelitos, montando capas alternas de pastel, nata y trocitos de kivi. Decore con nata y con el kiwi restante cortado en medias lunas.Sirva los pastelitos recién hechos.

Sugerencia...
Utilize también fresas.

Dificultad _ **fácil** Tiempo _ **30 minutos** Para _ **4 personas**

Galletas de mango

INGREDIENTES **1 cucharada de alga ágar-ágar | 50 ml de agua | 2 dl de pulpa de mango | 2 dl de nata | 50 g de azúcar en polvo | 8 galletas de manzana y canela sin azúcar | chocolate derretido al gusto**

Ponga el alga ágar-ágar a remojo en agua fría; a continuación, cocínela a fuego lento junto con la pulpa del mango durante 10 minutos. Retire y deje enfriar. Bata la nata; añada el azúcar en polvo y siga batiendo un poco más; mezcle el preparado de la pulpa. Forre un molde rectangular con film adherente de cocina y vierta en él la crema. Llévelo al congelador para que solidifique. Desmolde el preparado. Con un pequeño molde de cortar en forma de las galletas, corte el preparado de mango. Rellene las galletas, de dos en dos, y sírvalas decoradas con el chocolate derretido.

Dificultad _ **fácil** Tiempo _ **35 minutos** Para _ **4 personas**

Albaricoques rellenos

INGREDIENTES **200 g de azúcar | 3 dl de agua | 1 cáscara de limón | 1 ramita de canela | 500 g de albaricoques | 2 dl de nata | 1 cucharada de azúcar | anacardos al gusto**

Hierva el azúcar con el agua, la cáscara de limón y la ramita de canela, hasta caramelizar. Pruebe el punto de caramelo: al verter un poco del almíbar de una cuchara, debe formarse un hilo resistente y semejante a una perla. Abra los albaricoques por la mitad y quíteles el hueso. Añada el almíbar y déjelo cocinar durante cinco o seis minutos. Retire del fuego y deje enfriar. Bata la nata; añádale el azúcar y bata un poco más. Introduzca el *chantilly* en una manga pastelera de boquilla rizada; rellene los albaricoques con este preparado. Decórelos con anacardos y riéguelos con el almíbar preparado antes. Sirva de inmediato.

Dificultad _ **fácil**

Tiempo _ **40 minutos**

Para _ **10 personas**

Pave de frambuesa

INGREDIENTES **10 hojas de gelatina | 0,5 l de leche | 20 g de harina de trigo | 20 g de maicena | 140 g de azúcar | 3 yemas | 1 naranja (cáscara y zumo) | 2 dl de nata | 2 claras | 5 rebanadas de torta de frambuesa | frambuesas y caramelo líquido al gusto**

Pase un molde rectangular por agua y fórrelo con film adherente de cocina. Llénelo con agua, para que el film se adhiera mejor al molde. Ponga las hojas de gelatina a remojar en agua fria. Coloque la leche en un recipiente; reserve una cucharadita de la leche, y hierva la leche restante.

Mezcle la harina con la maicena y añádale 100 g de azúcar. Vierta la lecha fría; mezcle bien, añadiendo las yemas. Riéguelo con la leche caliente y añada la cáscara de naranja. Ponga este reparado a fuego lento, revolviendo siempre, hasta que espese.

Añada las hojas de gelatina escurridas y el zumo de naranja. Retire la cáscara de naranja y deje que la crema enfríe. Bata separadamente la nata y las claras; añada el azúcar restante a las claras. Mezcle los dos batidos con la crema anterior. Rellene el molde hasta la mitad con esta crema; sobre ella, coloque las rebanadas de torta de frambuesa. Reserve en el frigorífico durante 10 minutos; rellene con el resto de la crema, y lleve el molde de nuevo al frigorífico para que solidifique bien. Desmolde y decore con frambuesas y caramelo líquido al gusto.

Dificultad _ **fácil** Tiempo _ **1 hora** Para _ **16 personas**

Flanecitos de colores

INGREDIENTES **2 hojas de gelatina roja | 1 sobre de gelatina de fresa | 1 sobre de gelatina de piña | 1 sobre de gelatina tutti-fruti | 1 sobre de gelatina de frutos silvestres | 2 dl de nata | 1 cucharada de sirope de grosella | aceite para untar | coco rallado y fruta fresca al gusto**

Unte pequeños moldes de flan con aceite y reserve. Ponga las hojas de gelatina a remojo en agua fría. Prepare las gelatinas restantes, por separado y siguiendo las instrucciones de los sobres. Distribuya las gelatinas por los moldes y resérvelos en el frigorífico para que solidifiquen. Bata la nata, reservando un poco para la decoración. Caliente ligeramente el sirope de grosella y disuelva en él las hojas de gelatina escurridas. Mezcle la nata con este preparado, y distribúyalo en los moldes. Lleve los moldes nuevamente al frigorífico para que solidifiquen. A continuación desmolde y pase los flanecitos por coco rallado. Para terminar, decore con la nata reservada y la fruta al gusto.

Dificultad _ **fácil** Tiempo _ **30 minutos** Para _ **12 personas**

Flan helado de vainilla

INGREDIENTES **3 hojas de gelatina | 1 sobre de flan instantáneo de vainilla 3 dl de leche | 1 dl de leche condensada | 2 dl de nata batida**

Ponga las hojas de gelatina a remojo en agua fria. Mezcle el flan con la leche, y póngalo a fuego lento hasta que espesen. Añada la gelatina, previamente escurrida, al flan, y mezcle con la leche condensada. Bata la nata y añádala al preparado. Vierta el flan en un recipiente y llévelo al congelador. Sirva bolas de helados en copas previamente enfriadas, y decore al gusto.

Dificultad _ **fácil**

Tiempo _ **45 minutos**

Para _ **6 personas**

Flanecitos fríos de fresa

INGREDIENTES **1 sobre de gelatina de fresa | 50 g de azúcar | 2 cucharadas de agua | 100 g de fresas | 1 lata de leche evaporada bien fría | 2 dl de nata | aceite y cobertura de fresa al gusto**

Prepare la gelatina, siguiendo las instrucciones del sobre; deje enfriar y reserve. Hierva el azúcar con el agua y las fresas; deje cocer. Retire y redúzcalo a puré; deje enfriar.

Bata la leche concentrada hasta que doble su volumen. Aparte, bata también la nata y mézclela con la leche evaporada. Vierta también 3/4 de la gelatina y la mitad del puré de fresas. Unte pequeños moldes de flan con aceite.

En un recipiente, mezcle el puré de fresas restante con el resto de la gelatina. Vierta este preparado en el fondo de los molde y llévelos al congelador para solidificar. Coloque, entonces, el preparado de fresas y llévelo de nuevo al congelador. Desmolde y sirva los flanes regados con la cobertura de fresas y decorados al gusto.

Sugerencia...
Utilice frutos silvestres.

Dificultad _ **fácil** Tiempo _ **30 minutos** Para _ **10 personas**

Mimos de nata y frutos silvestres

INGREDIENTES **6 rebanadas de bizcocho de chocolate**
3 hojas de gelatina incolora | 200 ml de nata | 2 claras
4 cucharadas de azúcar | 80 g de frutos silvestres

Forre una bandeja con película adherente; sobre ella, coloque las rebanadas de pastel de chocolate, una detrás de otra, hasta cubrir toda la bandeja; reserve. Ponga las hojas de gelatina en remojo en agua fría. Bata la nata y reserve. Aparte, bata las claras y añádales el azúcar. Bata un poco más y añada a la nata. Retire tres cucharadas de este preparado y añádale las hojas de gelatina escurridas. Póngalo al fuego lento, removiendo hasta que queden derretidas. Retire del fuego y añada el restante preparado. Viértalo sobre las rebanadas de pastel y coloque los frutos silvestres por la superficie. Lleve la bandeja al horno hasta que quede bien firme. Desmolde y corte en cuadrados pequeños.

Dificultad _ **fácil** Tiempo _ **45 minutos** Para _ **10 personas**

Cheesecake de frambuesas

INGREDIENTES **100 g de galletas | 80 g de mantequilla | 2 hojas de gelatina roja | 5 hojas de gelatina incolora | 150 g de azúcar | 0,5 dl de agua | 200 g de calabaza cocida | 2 dl de nata | 100 g de queso crema | 200 g de frambuesas**

Unte un aro con aceite y resérvelo. Triture las galletas y mézclelas con la mantequilla hasta obtener una masa; colóquela en el aro y llévelo al frigorífico. Ponga las hojas de gelatina por separado a remojar. Hierva 100 g de azúcar con el agua y la calabaza; añada la gelatina incolora escurrida. Bata la nata; añádale el queso crema y el puré de calabaza. Viértalo en el aro y llévelo al congelador. Hierva el azúcar restante con las frambuesas y redúzcalas a puré; añada la gelatina roja escurrida. Vierta sobre la crema de calabaza y deje que solidifique. Desmolde y sirva el *cheesecake* decorado al gusto.

Dificultad _ **fácil**

Tiempo _ **1 hora y 20 min.**

Para _ **12 personas**

Pastel de chocolate

INGREDIENTES **5 huevos | 300 g de azúcar | 2 cucharadas de cacao en polvo | 1 dl de leche tibia | 100 g de harina | 1 dl de agua | 100 g de almendras enteras peladas | 2 dl de nata | 100 g de dulce de huevos | 200 g de tableta de chocolate | mantequilla al gusto**

Caliente el horno a 180º C. Unte una bandeja con mantequilla y fórrela con papel vegetal, también untado. Bata las yemas con 100 g de azúcar hasta obtener una crema. Aparte, disuelva el cacao en la leche tibia y mézclelo con el preparado anterior, junto con la harina. Bata las claras y mézclelas también con la masa. Viértala sobre la bandeja y póngala en el centro del horno durante 20 minutos.

Prepare el praliné: hierva el azúcar restante con el agua hasta obtener punto de caramelo. Esto ocurre cuando presenta un color dorado y el olor característico, que se acentúa con el tiempo de cocción. Mezcle la almendra y vierta el preparado sobre un tapete de silicona. Deje molificar y triture la mitad del praliné. Desmolde el pastel de cacao; deje enfriar y córtelo en tres tiras del mismo tamaño; reserve. Bata la nata y añada el dulce de huevos y el praliné triturado. Rellene las tiras de la masa, sobreponiendo capas de crema de nata; cubra también los laterales. Parta el chocolate en pedazos y derrítalos al baño María. Revuelva hasta que se disuelva todo. Con una espátula, coloque pequeñas porciones de chocolate sobre una encimera de trabajo. Deje que solidifique; enrolle el chocolate para obtener canutillos. Pique el restante praliné y espolvoree los laterales del pastel con el mismo. Decore la parte superior con los canutillos de chocolate y sirva cortado en rebanadas.

Dificultad _ **fácil** Tiempo _ **1 hora** Para _ **4 personas**

Mousse de papaya

INGREDIENTES **3 hojas de gelatina | 2 dl de nata | 1 cucharada de fructosa | 2 dl de pulpa de papaya**

Ponga las hojas de gelatina a remojo en agua fria; escúrralas y disuélvalas en la pulpa de la papaya, calentada previamente al baño María. Bata la nata y añádale la fructosa. Divida la pulpa en dos partes iguales. Mezcle una de las partes con la nata; distribuya un poco de la pulpa restante por el fondo de las copas y llévelas al congelador hasta que solidifiquen. Añada la crema y finalice con la pulpa. Lleve de nuevo al frigorífico y sirva la *mousse* bien fria, decorada al gusto.

Dificultad _ **fácil** Tiempo _ **40 minutos** Para _ **4 personas**

Flan de nata y moras

INGREDIENTES **4 hojas de gelatina incolora | 4 dl de nata | 1 cucharada de maicena | 3 cucharaditas de edulcorante | Aceite y moras al gusto**

Ponga las hojas de gelatina a remojar en agua fria. Mezcle la nata con la maicena y póngala al fuego, revolviendo siempre. Deje que hierva; retire y añada el edulcorante. Deje enfriar un poco. Escurra las hojas de gelatina y disuélvalas en la crema aún caliente. Unte pequeños moldes con aceite y distribuya el preparado en ellos. Llévelos al congelador para que solidifiquen. Desmolde y sirva los flanes decorados con las moras.

Dificultad _ **fácil**

Tiempo _ **40 minutos**

Para _ **4 personas**

Brazo gitano al *whisky*

INGREDIENTES **6 huevos | 2 yemas | 1 limón (cáscara) | 250 g de azúcar | 180 g de harina | 1 cucharadita de levadura | 50 g de almendra molida | mantequilla para untar | harina para espolvorear**

RELLENO **4 hojas de gelatina incolora | 1,5 dl de agua | 400 g de azúcar | 1/2 cucharadita de zumo de limón | 4 claras | 1/2 dl de *whisky* | 2 dl de *chantilly* | canela en polvo al gusto**

Caliente el horno a 180º C. Unte una bandeja con mantequilla; fórrela con papel vegetal, también untado, y espolvoree con harina. Bata los huevos con las yemas. Añádale la raspa de limón y el azúcar, hasta obtener un preparado compacto. Añada la levadura a la harina y mezcle todo con el preparado anterior, añadiendo también la almendra molida. Vierta sobre la bandeja y ponga en el horno durante 10 minutos. Retire y deje enfriar.

Prepare el relleno: ponga a remojo las hojas de gelatina en agua fria. Aparte, mezcle el agua con el azúcar y el zumo de limón. Ponga todo a fuego lento hasta obtener el punto de hilo (sumerja los dedos en agua fría, y coloque una gota del almíbar de azúcar entre el pulgar y el índice. Al apartar los dedos, debe formarse un hilo sin mucha resistencia). Bata las claras en un recipiente y viértalas al preparado anterior. Mezcle bien hasta obtener una crema espesa. A continuación, escurra la gelatina y disuélvala en *whisky* templado. Bata la nata hasta que quede firme y añádale las claras. Mezcle el preparado de *whisky* y lleve todo al congelador durante unos minutos. Vierta sobre la masa, enrolle la misma y llévela de nuevo al frio, durante unas dos horas. Decore con *chantilly* y espolvoree con canela en polvo.

Dificultad _ **fácil** Tiempo _ **1 hora** Para _ **6 personas**

Esponjosos de pera

INGREDIENTES **8 hojas de gelatina | 3 peras pequeñas | 1 cucharadita de harina | 2 cucharaditas de azúcar | 1 huevo | 1,5 dl de leche | 2 dl de nata**

Ponga a remojo las hojas de gelatina en agua fria. Pele y cueza las peras en agua; escúrralas y redúzcalas a puré. Incorpórele la gelatina escurrida. Mezcle con la harina, el azúcar, el huevo y la leche. Mezcle todo bien y póngalo a fuego lento, sin dejar de remover hasta que espese. Deje que enfríe. Bata la nata firmemente y añádala al preparado de pera, y después en el de leche. Coloque una tira de acetato alrededor de las copas. y, llénelas con la mezcla. Llévelas el frigorífico hasta que queden bien firmes. Sírvalas frias.

Dificultad _ **fácil** Tiempo _ **30 minutos** Para _ **4 personas**

Profiteroles

INGREDIENTES **12 *profiteroles* | 2 dl de nata | 1 cucharadita de azúcar en polvo | 2 gotas de aroma de vainilla | virutas de chocolate y sirope de chocolate al gusto**

Abra los profiteroles por la mitad y resérvelos. Bata la nata y añádale en el azúcar en polvo. Siga batiendo un rato; pase la nata a una manga pastelera de boquilla rizada. Rellene los profiteroles con la nata. Decore la nata restante y báñelos con el sirope de chocolate. Sirva los profiteroles bien frescos.

Dificultad _ **fácil**

Tiempo _ **1 hora**

Para _ **10 personas**

Rebanadas de canela

INGREDIENTES **150 g de azúcar | 3 huevos | 1 dl de aceite | 150 g de harina | 1 cucharadita de levaduura en polvo | 2 dl de nata | 1 cucharadita de canela en polvo | 200 g de dulce de huevos | 50 g de chocolate derretido | mantequilla al gusto**

Prepare el horno a 180º C. Unte una bandeja con mantequilla y fórrela con papel vegetal, también untado. Bata muy bien el azúcar con los huevos y el aceite, en una licuadora, hasta obtener un preparado homogéneo. Vierta la mezcla en un recipiente; añada la harina, previamente mezclada con la levadura, y ponga todo al horno durante 40 minutos. Retire y deje enfriar.

Bata la nata y mézclela con la canela. Corte la masa anterior en dos partes iguales. Unte una de ellas con la nata y coloque encima la segunda parte del pastel. Cubra con el dulce de huevos y decore con chocolate derretido. Corte en rebanadas y sirva de inmediato, decorado al gusto.

Sugerencia...
Rellene con crema de chocolate.

Dificultad _ **fácil** Tiempo _ **1 hora** Para _ **12 personas**

Bizcocho con chocolate

INGREDIENTES **8 huevos | 200 g de azúcar | 100 g de harina | 1 cucharadita de levadura en polvo | 200 g de chocolate en tableta | 2 dl de natas | 1 cucharada de mantequilla | mantequilla para untar | azúcar en polvo al gusto**

Caliente el horno a 180º C. Unte una bandeja con mantequilla; forre la bandeja con papel vegetal, igualmente untado. Añada los huevos con el azúcar y bata hasta que doblen su volumen. Mezcle la harina con la levadura, y mezcle todo con el preparado de los huevos. Vierta sobre la bandeja y llévela al horno durante 12 minutos. Pique el chocolate y añádale la nata y la mantequilla. Póngalos al baño María, sin dejar de remover para que queden homogéneos. Retire el pastel del calor y desmolde sobre un paño espolvoreado con azúcar en polvo. Rellene con la crema de chocolate y enrolle cuidadosamente con la ayuda de un paño. Llévelo al congelador durante 30 minutos. Retire y sirva el bizcocho decorado.

Dificultad _ **fácil** Tiempo _ **1 hora** Para _ **8 personas**

Pave de mango

INGREDIENTES **1 cucharada de alga ágar-ágar | 2 dl de agua | 3 dl de pulpa de mango | 4 dl de nata vegetal | 1 cucharada de fructosa | 100 g de galletas integrales de almendra | 50 g de chocolate**

Forre un molde rectangular con film adherente. Ponga a remojo el alga ágar-ágar en agua. Mézclela con la pulpa del mango y deje hervir durante dos minutos, removiendo siempre con una cuchara para que no se peguen al fondo de la olla. Retire y deje enfriar. Bata tres decilitros de nata, añádala al preparado anterior y a la fructosa. Vierta en el molde en capas, alternando con las galletas integrales. La última capa debe ser de galletas. Lleve el preparado anterior al congelador para que solidifique. En el momento de servir, desmolde y decore con la nata restante y con chocolate derretido.

Dificultad _ **fácil**

Tiempo _ **40 minutos**

Para _ **10 personas**

Pave de ciruela

INGREDIENTES **10 hojas de gelatina | 300 g de ciruelas | 150 g de azúcar | 1 yogur | 100 g de queso crema | 4 dl de nata | Aceite para untar**

Unte un molde rectangular con aceite y reserve. Ponga a remojo las hojas de gelatina en agua fría. Escalde las ciruelas en agua caliente y escúrralas. Déjelas enfriar y quíteles la piel y el hueso. Añada 100 g de azúcar y póngalas al fuego durante 10 minutos. Retire; triture el preparado y añada la gelatina escurrida. Remueva hasta que quede disuelta la gelatina, y añada el yogur y el queso cremoso. Bata la nata; añádale el restante azúcar y mézclela con el preparado. Vierta en el molde y reserve en el congelador hasta que solidifique. Desmolde y decore al gusto.

Sugerencia...
Añada a la crema trozos de ciruela.

Dificultad _ **fácil** Tiempo _ **1 hora** Para _ **8 personas**

Pastelitos de cacao y frutos secos

INGREDIENTES **100 g de mantequilla a temperatura ambiente | 100 de azúcar refinado | 2 huevos | 50 ml de leche | 50 g de cacao en polvo | 150 g de harina | 50 g de frutos secos | 2 dl de nata | 1 cucharada de azúcar en polvo | mantequilla para untar | harina para espolvorear**

Caliente el horno a 180º C. Unte moldes para muffins lisos con mantequilla y espolvoréelas con harina. Bata la mantequilla con el azúcar y añada los huevos. Aparte, caliente un poco la leche y disuelva el cacao. Mezcle bien el preparado anterior y añada también la harina. Distribuya la masa por los moldes, y espolvoréelas con los frutos secos. Pase los moldes a una bandeja y llévela al centro del horno durante 35 minutos. Bata la nata y añádale el azúcar en polvo. Desmolde los pastelitos y déjelos enfriar. Córtelos en tres partes y rellénelos con la nata. Componga los pastelitos y sírvalos decorados al gusto.

Dificultad _ **fácil** Tiempo _ **45 minutos** Para _ **4 personas**

Delicia gratinada con plátano

INGREDIENTES **3 cucharadas de queso *mascarpone* | 5 cucharadas de azúcar moreno | 3,5 dl de natas | 4 plátanos grandes y duros | 1 manzana reineta | azúcar en polvo al gusto**

Ponga el horno a 220º C. Bata el queso con el azúcar. Añada la nata y bata un rato más. Pele la fruta y córtela en trozos. Coloque la fruta en el fondo de un recipiente refractario y cúbrala con el preparado de la nata. Lleve al horno a gratinar durante 20 minutos. Cuando esté dorado, retire del horno y deje enfriar. Antes de servir, espolvoree con azúcar en polvo.

Dificultad _ **fácil**

Tiempo _ **1 hora y 20 minutos**

Para _ **12 personas**

Pastel de limón

INGREDIENTES **5 huevos | 200 g de mantequilla a temperatura ambiente | 350 g de azúcar | 1 limón (corteza y zumo) | 350 g de harina | mantequilla y harina al gusto**

RELLENO Y COBERTURA **2 cucharadas de azúcar | 1 cucharada de maicena | 4 yemas | 2 dl de leche | 1 cáscara de limón | 2 dl de nata | 100 g de almendra tostada laminada | canela en polvo al gusto**

Ponga el horno a 180º C. Unte un molde redondo con mantequilla y espolvoréela con harina. Coloque las yemas junto con la mantequilla, el azúcar y la corteza de limón en una licuadora. Bata hasta obtener una crema sin grumos.

Vierta la masa en un recipiente y añada la harina. Bata las claras y añádalas el preparado anterior. Viértala en el molde y llévela al centro del horno durante 50 minutos; retire y deje enfriar. Desmolde y reserve.

Prepare el relleno y la cobertura: mezcle el azúcar con la maicena y las yemas. Hierva la leche con la cáscara de limón y viértalo sobre la crema de yemas. Póngalo al fuego lento hasta que espese; retire y deje enfriar.

Corte el pastel en sentido horizontal; rellénelo con el preparado de las yemas. Componga el pastel y cúbralo también con la crema. Bata la nata y decore con ella y con las almendras laminadas el pastel. Espolvoree con canela en polvo y sirva.

Sugerencia...
Rellene el pastel con nata y cúbralo con chocolate.

Índice